# Más allá de la caja de herramientas del catequista

Otras obras de Joe Paprocki publicadas por Loyola Press

*La caja de herramientas del catequista: cómo triunfar en el ministerio de la catequesis*

*The Catechist's Toolbox: How to Thrive as a Religious Education Teacher*

*Los planos de la Biblia: una guía católica para entender y acoger la Palabra de Dios*

*The Bible Blueprint: A Catholic's Guide to Understanding and Embracing God's Word*

*Vivir la misa: cómo una hora a la semana puede cambiar tu vida (con el Padre Dominic Grassi)*

*Living the Mass: How One Hour a Week Can Change Your Life (with Fr. Dominic Grassi)*

*Una fe bien construida: guía católica para conocer y compartir lo que creemos*

*A Well-Built Faith: A Catholic's Guide to Knowing and Sharing What We Believe*

*Practice Makes Catholic: Moving from a Learned Faith to a Lived Faith*

*7 Keys to Spiritual Wellness: Enriching Your Faith by Strengthening the Health of Your Soul*

# MÁS ALLÁ DE LA CAJA DE HERRAMIENTAS DEL CATEQUISTA

## Catequesis que no solo informa, sino que también transforma

*Joe Paprocki, D.Min.*

LOYOLA PRESS.
UN MINISTERIO JESUITA

LOYOLA PRESS.
UN MINISTERIO JESUITA
www.loyolapress.com



Título original en inglés: Beyond the Catechist's Toolbox: Catechesis That Not Only Informs, but Also Transforms (Chicago, IL: Loyola Press, 2013).
Traducción al castellano de Redactores en red.

Conforme al canon 827 del Código de Derecho Canónico, el Reverendísimo John F. Canary, Vicario General de la Arquidiócesis de Chicago, ha otorgado el 13 de diciembre de 2012 aprobación para la publicación. La aprobación para la publicación es una declaración oficial de la autoridad eclesiástica, la cual establece que el material en cuestión carece de errores morales o doctrinales. De lo establecido no se infiere que quienes han otorgado la aprobación están de acuerdo con el contenido, opiniones o expresiones vertidas en el trabajo ni asumen responsabilidad legal alguna relacionada con la publicación.

Imágenes: © iStockphoto.com/shorrocks, © iStockphoto.com/ivanastar, © iStockphoto.com/Pixlmaker, Thinkstock/iStockphoto, Kathryn Seckman Kirsch, AgnusImages.com

**Library of Congress Cataloging-in-Publication Data**
Paprocki, Joe.
[Beyond the catechist's toolbox. Spanish] Más allá de la caja de herramientas del catequista : catequesis que no solo informa, sino que también transforma / por Joe Paprocki, D.Min.
pages cm
ISBN-13: 978-0-8294-3882-6
ISBN-10: 0-8294-3882-3
1. Catechetics—Catholic Church. I. Title.
BX1968.P37518 2013
268'.82--dc23

2012049572

Impreso en los Estados Unidos de América.
24 25 26 27 28 Versa 10 9 8 7 6 5 4 3

*Dedico este libro a uno de los mejores catequistas que tuve el gusto de conocer, el ya fallecido Miguel Arias. Te extraño, mi amigo.*

# Índice

# Introducción

En 2005 presenté *La caja de herramientas del catequista: cómo triunfar en el ministerio de la catequesis* (Loyola Press). Desde entonces miles de catequistas se han beneficiado de las herramientas y consejos que compartí en aquella obra para llegar a ser un catequista más eficaz. ¡Es hora de subir al siguiente nivel!

*La caja de herramientas del catequista* está llena de ideas y estrategias que ayudarán a los catequistas —la mayoría de los cuales no son docentes de profesión— a familiarizarse con el mundo de la docencia. Al proveerse de las herramientas necesarias para ejercer su función con eficacia, muchos catequistas no tardan en darse cuenta de que enseñar la fe católica no implica la mera transmisión de información. A medida que profundizan en la experiencia catequética, advierten que se encuentran con un misterio.

También se percatan de que guiar a sus estudiantes en ese misterio exige además otro tipo de habilidades.

Esta obra, *Más allá de la caja de herramientas del catequista: catequesis que no solo informa, sino que también transforma*, se fundamenta en *La caja de herramientas del catequista*, ya que ayuda a llevar la labor catequética un peldaño más arriba para poder llegar con más profundidad tanto a quienes aprenden como a quienes participan.

Es mi ruego que esta obra ayude a los catequistas y a aquellos a quienes ustedes enseñan a tener un encuentro con Cristo resucitado y que se produzca una transformación de mente y corazón para que puedan vivir como verdaderos discípulos. Que Dios nos dé la gracia necesaria para proclamar su Palabra viva y que todos la escuchen.

Joe Paprocki, D.Min.
(Festividad de san Ignacio de Loyola,
31 de julio de 2012)

Capítulo 1

# ¿Cómo aburrirse con el Evangelio?

"¡Qué aburrido!"

Cuando los jóvenes pronuncian estas dos palabras en las clases de educación religiosa, el catequista se desanima. ¿Cómo puede ser posible que el Evangelio resulte aburrido? Para nosotros, los catequistas, el Evangelio no es nada aburrido. De hecho, estamos encendidos con la Palabra de Dios y estamos ansiosos por compartirla con los demás y a la vez encender sus corazones. Suele ser frustrante y también desalentador que los jóvenes bostecen cada vez que les proclamamos el Evangelio. Si el Evangelio nos hace arder y el mensaje que enseñamos es "lo máximo", entonces hay que admitir que la falla debe de estar en otro lado: en el método de transmisión. Después de todo, y nos guste o no, *el medio es el mensaje*.

Quien acuñara esta frase a mediados del siglo XX fue Marshall McLuhan, educador, filósofo y experto en comunicación. Lo que la frase dice es que el mensaje y el modo de transmisión son inseparables: el "paquete" en que se transmite el mensaje le da forma al mensaje y realza —o le resta— su significado. Por lo tanto, si nuestros estudiantes se aburren, es probable que el método no resulte atractivo. Sin quererlo, le estaremos quitando significado al mensaje de Dios.

Quisiera dar un ejemplo. Cuando era niño, solía pasar horas mirando juegos de béisbol en la televisión. Daba la casualidad que los dos equipos de béisbol de Chicago —los White Sox y los Cubs— no solo estaban en distintas partes de la ciudad y en distintos canales de televisión, sino que para colmo estaban en frecuencias televisivas totalmente diferentes. A principios de 1968 los juegos de Chicago White Sox ya no los transmitía VHF TV (la banda de canales que va del 1 al 13), sino UHF TV (la banda de canales después del 13). Como resultado, la recepción de imágenes era espantosa. Ya no me resultaban interesantes los juegos de los Chicago White Sox porque la imagen borrosa arruinaba el entusiasmo de mirar el juego. Hasta hoy, creo que la deficiente recepción fue uno de los motivos por el que me hice seguidor de los Cubs (¡y no porque los Cubs ganaran algún campeonato!). Como las transmisiones de los juegos de los Cubs eran muy nítidas, mi entusiasmo por el béisbol creció y logró atraer mi joven imaginación. Por el contrario, los juegos de los White Sox me parecían aburridos.

Del mismo modo, el problema para nosotros los catequistas no es el mensaje que estamos transmitiendo, ni tampoco lo somos nosotros, ya que nuestros corazones están en el lugar correcto. El problema es con el método de transmisión, que muchos estudiantes perciben como si fuera cualquier otra hora de clase en un largo día escolar.

## Más de lo mismo

Podemos resumir una gran parte del enfoque con el que enseñamos catequesis en el aula con estas cinco palabras: *leer el libro de texto*. Suele ocurrir que en las sesiones de catequesis los estudiantes se turnan para leer oraciones o párrafos del libro de texto en voz alta, y de tanto en tanto los catequistas introducen algún comentario o pregunta para debate. Aburrido, ¿verdad?

Sin embargo, y para su beneplácito, el problema no reside en el libro de texto en sí. ¿Qué sería de nosotros, los catequistas, si no tuviéramos los libros de texto? Gracias a estos maravillosos libros, la riqueza y profundidad de nuestra fe y herencia católicas cobran vida. Las palabras e imágenes proclaman el Evangelio de modo tal que resulta apropiado para jóvenes de edades diversas. Los manuales para catequistas nos ofrecen una comprensión clara y concisa de los contenidos que debemos transmitir.

El problema es que usamos el libro de texto como si fuera el único recurso disponible. Si la catequesis se tratara simplemente de *transmitir información*, no habría problema. Podríamos darles los libros de texto a los jóvenes para que digieran el contenido y evaluarlos en cuanto a comprensión. Sin embargo, la catequesis no es tanto información, sino más bien *transformación*.

Cuando restringimos la catequesis a la mera adquisición de información, lo que estamos haciendo es reducirla a una materia como cualquier otra que los jóvenes estudian en la escuela. La educación religiosa queda relegada a formar parte de una pila de libros junto con otras materias como estudios sociales, ciencias, historia y matemáticas. Pero nosotros, los catequistas, no somos docentes de una materia, sino facilitadores de un encuentro, un encuentro con el Dios vivo: Padre, Hijo y Espíritu Santo. La Iglesia nos enseña que el fin de la catequesis es "poner a uno no sólo en contacto sino en comunión, en intimidad con Jesucristo" (*Directorio General para la Catequesis*, 80). Como todos sabemos, la intimidad no se logra leyendo un libro.

Antes de seguir adelante, desearía aclarar que el libro de texto desempeña una función importantísima en el proceso de la catequesis. Y no lo digo porque trabajo para una editorial de libros de texto para catequesis. Lo cierto es que, cuando enseño, utilizo siempre el libro de texto y el manual del catequista. Sin embargo, me atrevería a afirmar que no dedicamos más de un veinte por ciento del tiempo de mis clases a leer el libro de texto. El ochenta por ciento que resta se dedica a compartir experiencias que hacen que la información del libro cobre vida, es decir, la enseñanza va más allá del libro.

## Enseñar más allá del libro

En esta obra exploraremos la manera de catequizar más allá del libro de texto, pero sin dejarlo de lado. Asimismo, haremos catequesis más allá de la "caja de herramientas" que ofrecí en *La caja de herramientas del catequista*, pero sin dejar las herramientas de lado. Por el contrario, usaremos el libro de texto y la "caja de herramientas" como fundamentos para construir una sesión de catequesis que sea a la vez una experiencia transformadora.

Para encontrar la clave de la enseñanza más allá del libro podemos volver a consultar el *Directorio General para la Catequesis*, que nos recuerda que "cuando la catequesis está penetrada por un clima de oración, el aprendizaje de la vida cristiana cobra toda su profundidad" (85). Dicho de otro modo, la catequesis más eficaz ocurre en un entorno de oración. ¿Por qué? Porque la oración es un encuentro con el Dios vivo.

La lectura de un libro de texto nos ayuda a saber *sobre* Dios, pero la oración nos ayuda a *conocer* a Dios. Ambas actividades son necesarias. Saber sobre alguien nos ayuda a conocerle mejor, y muchas veces cuanto mejor conocemos a alguien, tanto más queremos saber sobre ese alguien. La enseñanza más allá del libro funciona de manera similar. Hace que la presencia de Dios sea algo palpable y tangible, lo cual hace que el estudiante desee más. En las páginas siguientes, exploraremos varias maneras prácticas, creativas y eficaces de hacer participar a aquellos a quienes estemos enseñando y ayudarlos a encontrar la presencia de Dios en sus vidas, logrando así una transformación de mente y corazón y una relación íntima con Jesucristo.

## Capítulo 2

# Una catequesis que se parezca más a la misa que a una clase

Hace poco, con el fin de preparame para una gran reunión familiar, dediqué tiempo a investigar mis ancestros. Descubrí muchas historias de antepasados que llegaron a las costas estadounidenses desde Polonia a fines del siglo XIX. Una historia que me impresionó mucho fue la de mi tatarabuela materna, Julia. Esta mujer hablaba siete idiomas con fluidez, lo cual hizo que su transición al Nuevo Mundo, y en particular a Chicago, fuera mucho más fácil.

Cada vez que pasamos tiempo en algún país donde se habla un idioma distinto, es necesario aprender ese idioma. De esta manera es posible conocer a otras personas y establecer vínculos, ya sean sociales o profesionales. La catequesis no es muy distinta. En el sentido estricto de la palabra, se trata de un proceso de invitar a otros a ingresar a un lugar nuevo, a una "tierra extranjera", por así decirlo. La tierra extranjera es el Reino de Dios. Para muchos de aquellos a quienes enseñamos, esta tierra es extraña, es nueva. Sus habitantes se comportan de manera distinta, piensan de manera distinta y viven de manera distinta. También hablan de manera distinta, y para ayudar a nuestros estudiantes a entrar en esta nueva realidad, debemos enseñarles el lenguaje del lugar. No es solo un lenguaje de amor, sino de misterio, un misterio que trasciende las palabras.

En realidad, en el Reino de Dios las palabras no son la forma principal de expresión. Los habitantes del Reino de Dios se sienten más cómodos con un lenguaje que depende menos del alfabeto y más de expresiones que apelan a la imaginación y la estimulan. ¿Cuáles son, entonces, los elementos de ese lenguaje de misterio? Démosle un breve vistazo.

### Signos y símbolos

En el Reino de Dios se habla una especie de lengua de signos. Pensemos en cómo Moisés llegó a encontrar a Dios: no fue por una invitación con palabras, sino por el signo de la zarza que ardía. Al ver esta señal, Moisés dijo: "Voy a acercarme a mirar este espectáculo tan admirable". Los signos y los símbolos hablan directo al corazón por medio de la imaginación. Invitan en vez de dar una orden, e inspiran en vez de dar una explicación.

**Rituales**

En el Reino de Dios los rituales abundan. Los rituales nos conectan con los hechos significativos de nuestro pasado, nos afirman en el presente y nos conducen con confianza al futuro. Los rituales nos llevan a un nivel de conciencia más profundo y nos recuerdan que podemos sentirnos cómodos en ese lugar especial donde habita el espíritu.

**Movimientos y gestos**

En el Reino de Dios las personas están en continuo movimiento, no como hámsters, sin pensarlo, sino intencionadamente, como bailarines en un escenario. Se mueven en actitud de oración, como si cada movimiento quisiera decir algo. Esta idea no nos es extraña. Existe una forma suave de ejercicio, el *tai chi,* una práctica antigua que promueve la serenidad por medio de movimientos controlados que conectan el cuerpo, la mente y el espíritu. Lo que sucede con uno de ellos afecta a los otros. Lo mismo ocurre en el Reino de Dios: cuando oramos con el cuerpo por medio de movimientos y gestos, la mente escucha y el corazón responde.

**Silencio**

En el Reino de Dios la forma principal de expresión es el silencio. Thomas Keating, un monje trapense, dice: "El silencio es el primer idioma de Dios; todo lo demás es una mala traducción. Para poder entender dicho idioma, tenemos que aprender a estar quietos y a descansar en Dios" (*Invitación a amar*).

**Cantos**

El Reino de Dios es un lugar donde la música no cesa. Pocas cosas logran tocar el corazón y transportar la mente más que la música y el canto. Quizás sea por eso que los Salmos se refieran a la música tan a menudo, de hecho, casi cien veces. "Canten al Señor un cántico nuevo", alienta el salmista (Salmo 96:1). Por suerte, a Dios le gusta la música, y le encanta escucharnos cantar.

**Historias y mitos**

En el Reino de Dios siempre es momento propicio para una historia. Cerca de un tercio de los dichos registrados de Jesús están en forma de parábolas. ¡Este hombre sí que sabía contar historias! Sabía que las historias crean mundos, nuevas realidades que podemos imaginar y a las cuales podemos entrar. Las historias de Jesús apelan a la imaginación y nos llevan a considerar la posibilidad de una realidad alternativa. El escritor John Shea dice que "las historias son la forma de lenguaje más interesante y atractiva" y que "la narración de historias nos saca de lo aleatorio del momento y nos inserta en un contexto mucho más grande" (Versión del traductor [v.d.t.], *Stories of Faith* [Historias de fe]). Este contexto más grande es el Reino de Dios, y todos tenemos un papel que protagonizar en él.

Este lenguaje de misterio que se habla en el Reino de Dios nos predispone a pensar en la posibilidad de una realidad alternativa. El Reino de Dios es, a decir verdad, una realidad alternativa insertada en la realidad que podemos ver y oír. Somos llamados a entrar en esa realidad mediante la capacitación de los ojos, los oídos y nuestro espíritu para percibir ese nuevo mundo. Conocer ese lenguaje de misterio puede ayudarnos a responder al llamado. De esto se trata la catequesis. Si las cosas fuesen tal como parecen, no habría necesidad de catequesis. Pero el sentido principal de la vida está velado y es un misterio. Es por ello que debemos catequizar a otros para que incorporen esos elementos del lenguaje de misterio en la dieta diaria del alma.

¿En qué lugar y en qué momento en la vida de un católico, entonces, se habla y escucha mejor ese lenguaje? Por supuesto que en la liturgia. Cuando celebramos la misa —o cualquiera de los sacramentos, si vamos al caso— hablamos y se nos habla con un lenguaje de misterio.

## El lenguaje de misterio

| Elementos | Ejemplos |
|---|---|
| Signos y símbolos | Agua, óleo, fuego, pan, vino e incienso |
| Rituales | Ritos de aspersión, unciones y bendiciones |
| Movimientos y gestos | La Señal de la Cruz, procesiones y el rito de la paz |
| Silencio | Antes de la misa, después de la lectura de las Escrituras, después de la homilía y después de la Comunión |
| Cantos | Himnos de la misa y partes cantadas de la misa |
| Historias y mitos | La Liturgia de la Palabra |

El lenguaje de misterio impregna la misa. Y aun así, por alguna razón, cuando entramos en el ámbito de la catequesis, nos hace falta este lenguage no verbal. El lenguaje de misterio se olvida y recurrimos a palabras, palabras y más palabras.

El exceso de palabras tiende a reinar en los entornos catequéticos. Sin embargo, no es así en el Reino de Dios. Es por ello que no puedo darle suficiente énfasis al hecho de que *nuestra catequesis debe parecerse más a la misa que a una clase.*

He utilizado esta idea en las presentaciones de *La caja de herramientas del catequista* durante muchos años. Nunca deja de causar interés. Suelo desarrollar la idea introduciendo los distintos elementos del lenguaje de misterio —signos, rituales, etc.— y alentar a los catequistas a que incorporen estos elementos en sus entornos catequéticos. Una y otra vez, sin embargo, los catequistas responden con frustración: "Quiero hacer esto, pero ¿cómo, si tengo tanto material que abarcar?".

Una de las maneras en que *no debemos* hacerlo es abarrotando elementos de ese lenguaje de misterio en un plan de clase existente. En cambio, debemos transmitir el contenido "traduciéndolo" al lenguaje de misterio. Debemos depender todavía de las palabras e incorporarlas, por supuesto, pero al mismo tiempo hablaremos un lenguaje que trasciende las palabras. Hablaremos un lenguaje de misterio que no solo informa, sino que también transforma.

Con estos objetivos en mente, comencé a ofrecer otro taller que fuera más allá de *La caja de herramientas del catequista*. Ofrecí un enfoque para la catequesis que incorpora el lenguaje de misterio. En mis continuos esfuerzos por lograr la mayor practicidad posible —y ofrecer así algo que realmente funcione— desarrollé una Plantilla para una catequesis de adoración (*Template for Worshipful Catechesis*). Esta plantilla ofrece una sesión de catequesis de 75 minutos que incorpora los distintos elementos del lenguaje de misterio en un contexto de oración en el que se transmite el contenido del libro de texto. La respuesta ha sido asombrosa. Los catequistas están adoptando este enfoque con entusiasmo y yendo hacia un modelo de catequesis que no solo informa sino que también transforma.

A continuación ofrezco esa plantilla organizada en cinco etapas para una sesión de 75 minutos:

1. Preliminares (15 minutos)
2. Primer paso: Participar (15 minutos)
3. Segundo paso: Explorar (25 minutos)
4. Tercer paso: Reflexionar (10 minutos)
5. Cuarto paso: Responder (10 minutos)

En conjunto, todos estos pasos integran aquello que llamamos el "proceso catequético". No importa cuál sea el libro de texto que se use, las lecciones generalmente se organizan en pasos —a veces tres, a veces cuatro—. Para los fines de esta obra, prefiero utilizar el proceso de cuatro pasos que se utiliza en la serie *Encontrando a Dios* (Loyola Press). Lo hago por dos razones. En primer lugar, este es el programa que se utiliza en las parroquias donde enseño; por lo tanto, sigo los cuatro pasos. En segundo lugar, los cuatros pasos incluyen un segmento importante para la oración: el paso Reflexionar.

En la catequesis, es necesario que la oración sea más que un simple par de frases que sirven para abrir y cerrar la sesión. La experiencia de oración es crucial si queremos un encuentro con Cristo resucitado. De vez en cuando, algún catequista preocupado me dice: "Me gustaría incluir una experiencia de oración en la clase, pero tengo demasiado contenido que abarcar". Yo le respondo que la oración es parte esencial del contenido que queremos transmitir. Junto con el Credo, los sacramentos y la vida moral, la oración es uno de los cuatro pilares del *Catecismo de la Iglesia Católica*. Sin este cuarto pilar, estamos haciendo que los estudiantes se suban a una mesa de tres patas. La transmisión de contenido sobre Jesús se convierte en una mera enseñanza de materia si no hablamos y pasamos tiempo con Jesús. Es importante recordar que hacemos mucho más que eso.

Sin más, exploraremos las maneras en que podemos invitar a los jóvenes al Reino de Dios utilizando su lenguaje: el lenguaje de misterio.

## Capítulo 3

# Preliminares

*15 minutos*

Todo catequista sabe que si se planifica una sesión para que dure 75 minutos, solo unos 60 se dedicarán exclusivamente a la enseñanza. ¿Por qué? Es por los preliminares de los que hay que ocuparse: tomar lista, llegadas tarde, recoger tareas, distribuir material, permisos para ir al baño, y el eterno desafío de lograr que los jóvenes finalmente se acomoden y se concentren.

Sin embargo, los primeros 10 o 15 minutos de la sesión no deberían quedar privados de enseñanza. Los catequistas podemos utilizar una serie de estrategias para aprovechar al máximo este período preliminar: enseñar mientras nos ocupamos de cosas que en realidad no nos gusta enseñar. Para que ello ocurra, no obstante, debemos adoptar el concepto que propuse antes: que la sesión se parezca *más a la misa que a una clase*. Con esta idea fundamental en mente veremos algunas de las maneras en que un catequista puede aprovechar el período preliminar para preparar el ambiente ideal para una experiencia de oración y adoración.

## Recibir a los participantes con agua bendita

¿Qué es lo primero que hacemos cuando entramos a una iglesia católica? Nos mojamos los dedos en una pila o recipiente de agua bendita y nos bendecimos. Esto es un poderoso recordatorio de que morimos al pecado por medio de las aguas del Bautismo y resucitamos a una nueva vida en Cristo. ¿Por qué no invitar a los participantes a ese espacio de aprendizaje de la misma manera? Se puede lograr muy fácilmente.

Se puede conseguir un pequeño recipiente con una tapa que cierre bien. Se llena el recipiente con agua bendita de la pila o dispensador de la parroquia y se lo lleva a cada sesión o se puede buscar un lugar donde ubicarlo en el espacio de aprendizaje. Minutos antes de la hora de inicio se espera a los participantes a la puerta con el recipiente de agua bendita y se los invita a que se bendigan a medida que llegan. También es una buena idea que un asistente o estudiante de confianza se encargue del agua bendita para que el catequista pueda continuar con los preliminares.

Este ritual —que es un elemento del lenguaje de misterio— indicará a los participantes que están por entrar a un espacio sagrado. También los pondrá en contacto con un rostro humano que les dé la bienvenida, lo cual es una de las expresiones más poderosas de la presencia de Dios. Los participantes verán en este ritual un acto de adoración como cuando entra a una iglesia. Aunque no tomen conciencia de esto, sus mentes y corazones comenzarán a dirigirse a Dios.

## Tocar música litúrgica para la llegada

Cuando entramos a una iglesia, los sentidos se estimulan de manera inmediata. Vemos vitrales, estatuas y flores. Percibimos el aroma de las velas y el incienso. Nos mojamos los dedos en agua bendita y hacemos una genuflexión antes de ubicarnos en nuestra banca. Y oímos música. A veces sucede que el coro o el organista están ensayando para la misa de ese día o tocando una melodía de fondo para ayudarnos a pasar a la adoración. Sugiero ofrecer esta misma experiencia auditiva a medida que los participantes llegan.

Es recomendable traer un reproductor de CD o MP3 al espacio de aprendizaje, o tratar de que haya alguno disponible. Se puede poner alguna suave melodía de fondo que sirva de inspiración como para crear el ambiente a medida que llegan los participantes. La música puede seguir hasta el momento de comenzar con las actividades de la clase. Se puede experimentar con himnos católicos tradicionales, música instrumental o música cristiana contemporánea, o se puede pedir al director de catequesis que ofrezca sugerencias o enlaces a melodías apropiadas. Se puede elegir alguna canción que refuerce el tema de la lección y repetirla continuamente para que los participantes se familiaricen con ella. Con el tiempo es posible armar una biblioteca propia para utilizar en las clases de formación religiosa.

El verbo "cantar" (y sus variantes) aparece más de 300 veces en las Sagradas Escrituras. No bastan las palabras cuando deseamos acercarnos a Dios. A medida que los participantes ingresan al espacio de aprendizaje, la música los ayuda a ponerse en contacto con el lenguaje de misterio y con la idea de que están entrando en un lugar sagrado, un lugar que producirá un impacto mucho más profundo que las meras palabras.

## Invitar a los participantes a escribir intenciones de oración

Por tradición solemos arrodillarnos y rezar al llegar a la iglesia. Muchos utilizamos estos momentos para contarle a Dios aquello que traemos en la mente y en el corazón. No dejamos nuestros problemas y preocupaciones a la entrada cuando llegamos a la iglesia. En cambio, los traemos y los ofrecemos a Dios. Del mismo modo podemos invitar a los participantes a adoptar el hábito de rezar una vez que se ubican en las bancas.

Es una buena idea colocar una tarjeta y una pluma o lápiz en los asientos antes de que lleguen los participantes. A medida que se van ubicando en las bancas, se les puede pedir que escriban una intención para la semana. La intención puede ser una acción de gracias, una expresión de admiración o alabanza, o una petición de ayuda. Se les puede pedir a los participantes que conserven las tarjetas para después utilizarlas en la oración de apertura o pedirles que las coloquen en una canasta en la mesa de oración.

Estar en sintonía con su propia gratitud, sus necesidades y sentimientos de admiración ayudará a los participantes a prepararse para un encuentro con el Dios de amor. Poder expresar nuestra alegría nos ayuda a demostrar una gratitud que reconoce a Dios como fuente de toda bendición. Poder expresar nuestras necesidades nos recuerda que dependemos de algo que es mayor a nosotros. E incluso las alabanzas más sencillas nos recuerdan que somos criaturas hechas para la adoración y la alabanza.

## Tomar lista y otras actividades

Como se dijo antes, todo catequista tiene algunas tareas —aunque a veces parecen millones— que hacer al inicio de la clase: tomar lista, repartir el material, responder preguntas, etc. Las recomendaciones que he ofrecido hasta el momento no interferirán con la capacidad del catequista de poder cumplir con estas tareas. En cambio, facilitarán el proceso, pues crearán un ambiente relajado y de oración.

A medida que los participantes entran y se persignan con agua bendita, escuchan música y escriben sus peticiones, el catequista se puede ocupar de sus actividades. Lo hermoso de todo esto es que gracias a estas acciones la enseñanza ocurre sin que nadie se lo proponga.

## Procesión para disponer la mesa de oración

Una vez que todos estén sentados, y que el catequista haya tenido la oportunidad de llevar a cabo las actividades preliminares, es momento de que los participantes puedan vivir otra experiencia de oración: una procesión para disponer la mesa de oración. Las procesiones son sacramentales, representan el viaje espiritual que todos hacemos y nos recuerdan nuestro destino final: estar con Dios.

Como escribí en *La caja de herramientas del catequista*, un centro de oración puede consistir en una sencilla mesa cubierta con un mantel cuyo color refleje el tiempo litúrgico presente. Sobre la mesa se puede colocar una Biblia y un crucifijo, una estatua, un ícono o algún otro objeto religioso. Este espacio sirve para demostrar el valor de la oración y hace que los participantes tomen conciencia de que están ante lo sagrado. Para que ello ocurra de manera más profunda, se puede invitar a los participantes a acercarse a la mesa en actitud de oración y prepararla de varias maneras para los momentos que van a compartir. Aquí ofrezco algunos ejemplos:

1. Se puede invitar a los participantes a que traigan sus propios símbolos para colocar sobre la mesa de oración durante las primeras sesiones. Habría que indicar que pueden ser símbolos religiosos como cruces, estampas u objetos que les recuerden a Dios de maneras menos evidentes (por ejemplo, tarjetas de cumpleaños, flores o fotografías de seres queridos).
2. Antes de la procesión se puede invitar a los participantes a formar una fila a uno de los lados del salón y que sostengan algo, ya sea un objeto de la mesa de oración (incluyendo el mantel, la Biblia u otro objeto sagrado) o algún otro objeto que hayan traído ese día.
3. Se le puede pedir a un ayudante o participante de confianza que guíe la procesión llevando una cruz que se colocará sobre la mesa.

4. Se puede poner música a medida que los participantes hacen la procesión alrededor del perímetro del salón hasta llegar a la mesa de oración.
5. Se les puede pedir a los participantes que coloquen sus objetos sobre la mesa de oración, uno por uno, comenzando con el mantel, la cruz y la Biblia, y siguiendo con los demás objetos y símbolos.
6. Se les puede pedir a los participantes que regresen a sus lugares en silencio y en actitud de oración.

En vez de apurarse para disponer la mesa de oración antes del inicio de la sesión, es una buena idea pedirles a los participantes que la dispongan como se describió más arriba. De esta manera se puede enseñar reverencia y sacramentalidad, dos elementos fundamentales del lenguaje de misterio. Y para fines prácticos, la procesión no debería durar en total más de algunos minutos. ¿Hay algo que perder, entonces?

## Oración de apertura

Una vez que se ha dispuesto la mesa de oración, ya se puede pasar a la oración de apertura. La oración puede adoptar diversas formas. Recomiendo las siguientes:

1. Invitar a los participantes a ponerse de pie. Esta es una postura tradicional para la oración. (¿Han observado cómo la congregación se pone de pie cuando el sacerdote dice: "Oremos"?)
2. Rezar la Señal de la Cruz.
3. Continuar con un saludo que consista en un llamado y una respuesta. Los participantes pueden aprender esto durante las primeras semanas. Aquí ofrezco algunas posibilidades:

| **Llamado** | ***Respuesta*** |
|---|---|
| Este es el día en que actuó el Señor. | *¡Vamos a festejarlo y a celebrarlo!* |
| Señor, envía tu Espíritu. . . | *y renovarás la faz de la tierra.* |
| Nuestro auxilio es el Nombre del Señor. . . | *que hizo el cielo y la tierra.* |
| Dios mío, ven en mi auxilio. . . | *Señor, date prisa en socorrerme.* |
| Señor, abre mis labios. . . | *y mi boca proclamará tu alabanza.* |

4. Invitar a los participantes a hacer la triple Señal de la Cruz con el pulgar en la frente, los labios y el pecho. Esto puede hacerse diciendo: "*Oremos hoy para que la Palabra de Dios esté. . .* en nuestra mente [frente], en nuestros labios [labios] y en nuestro corazón [pecho]".
5. Después de algunas semanas de repetir estas palabras en voz alta, se puede hacer el gesto sin las palabras que lo acompañan, utilizando solamente las palabras que están más arriba en cursiva para introducirlo.

6. Invitar a los participantes a compartir alguna intención. Se puede hacer circular una vela (si es necesario, una que funcione con baterías) y pedirles a los participantes que oren por sus propias intenciones en voz alta o que tomen una de la canasta de oración y la lean en voz alta.
7. Terminar la oración de apertura pidiéndoles a los participantes que hagan una oración tradicional en voz alta.
8. Cada mes se puede cambiar la oración tradicional, sobre todo si hay alguna oración que el catequista desee que los participantes aprendan.

Si empezamos la sesión con esta actitud de oración, ayudaremos a los participantes a mostrar mayor reverencia hacia la experiencia catequética y, al mismo tiempo, les enseñaremos sobre la oración ritual, los gestos sacramentales, la oración intercesora y la oración tradicional.

## Listos para "empezar" a enseñar

A esta altura es posible sentir que ya estamos listos para empezar a enseñar. Lo cierto es que la enseñanza ya vino ocurriendo en este período preliminar. ¿No es un alivio saberlo? En vez de que los participantes lleguen a su antojo y de manera caótica como estudiantes en recreo antes de que suene el timbre, nos ha sido posible crear una atmósfera para una experiencia sagrada en la que los participantes tendrán un encuentro con el Dios vivo. De esta manera, todo está preparado para pasar a una experiencia más formal de enseñanza y aprendizaje, y todo esto dentro de un contexto y un ambiente de oración que el catequista pudo establecer durante esta etapa preliminar.

¡Felicitaciones!

## Capítulo 4

# Primer paso: Participar

### *10 minutos*

Que no haya lugar a duda: si el catequista incorporó cualquiera de las estrategias preliminares dentro de los primeros 15 minutos de la sesión, ya habrá podido enseñar algunas cosas importantes. Por más ocupado que estuviera el catequista tomando lista y viendo detalles de último momento, el ambiente de oración que ya se creó (gracias al uso del agua bendita, la música de fondo, las intenciones de oración, etc.) ha logrado comunicar con claridad a los participantes que allí se producirá un encuentro con el misterio.

Es hora ya de emprender la lección del día. Este paso del proceso catequético se conoce como Participar: en esta etapa procuramos cautivar la imaginación de los participantes y presentar el tema de la lección. El objetivo de este paso es "enganchar" a los participantes con una imagen o idea de sus experiencias cotidianas —es decir, algo con lo que ellos se puedan relacionar— que tenga que ver con el tema de la sesión. Para entender mejor este concepto apelaremos a san Ignacio de Loyola, un maestro en catequesis, que enseñó hace más de 500 años pero cuyas enseñanzas tienen validez hoy día.

## Entrar por su puerta

San Ignacio de Loyola enseñó la fe católica en medio de los grandes desafíos que presentó la reforma protestante del siglo XVI. Él capacitó a sus seguidores, los jesuitas, para que utilizaran técnicas especiales para cautivar audiencias. (Ignacio era soldado de profesión, por lo que conocía algo de táctica). Una de las primeras estrategias que enseñó fue la de "entrar por su puerta para salir por la nuestra". Ignacio sabía que la manera más efectiva de cautivar a una audiencia era apelando a su imaginación con una experiencia del diario vivir, algo familiar y que fuera fácil de reconocer. Es muy probable que haya tomado esta idea del mismo Jesús, el maestro supremo. Jesús enseñaba siempre entrando por la puerta de sus oyentes, cautivando su imaginación y desafiándolos a considerar la realidad del Reino de Dios. Las imágenes que utilizaba eran sencillas y muy familiares para los palestinos del siglo I (y para nosotros, si vamos al caso). A continuación se dan algunos ejemplos:

- una semilla de mostaza
- levadura
- un tesoro escondido en un campo
- una red
- una perla
- un banquete de bodas
- el trigo y la cizaña
- el padre que tenía dos hijos
- el pastor y la oveja perdida
- la ceguera
- la lámpara y el cajón
- una moneda perdida

Era lógico entonces que Jesús utilizara imágenes de este tipo para "entrar por la puerta de sus oyentes".

Después de todo, entró por nuestra "puerta" al hacerse carne. Por medio de imágenes familiares, Jesús incursionó en las vidas cotidianas de la gente común para revelar la realidad del Reino de Dios en medio de ellos. Y al mismo tiempo, él *era* el Reino de Dios en medio de ellos. Al igual que las historias e imágenes, él también entró en la imaginación de sus oyentes.

Por estas razones, los catequistas hacemos bien en seguir el ejemplo que Jesús dio en cuanto a enseñanza y en seguir también el de san Ignacio de Loyola. Miremos con más detalle cómo podemos hacer participar a aquellos a quienes enseñamos entrando por su puerta para que puedan salir por la puerta de Cristo.

## ¿Cuál es la idea principal?

Una vez tomé un curso de homilética (es decir, el arte de dar homilías y reflexiones litúrgicas). El profesor solía decir que "si no puede resumir el objetivo de su homilía en una sola oración, usted no debería estar en el púlpito". Y lo decía muy en serio. Cuando teníamos que pasar al frente y dar una homilía de práctica, nos pedía que resumiéramos el objetivo principal en una oración y la diéramos a conocer a la clase. Si no lo lográbamos, el profesor nos hacía regresar al asiento.

El mismo consejo es válido también para los catequistas: si no podemos resumir el objetivo o tema de la lección en una sola oración, no deberíamos estar al frente de la clase. Cuando planificamos, es una buena idea preguntarnos: "¿Cuál es la idea principal?". Una vez que logramos definirla, podremos anunciarla a los participantes y volver a ella una y otra vez durante la clase. Pensemos, si no, en un padre que, volviendo con su hijo a casa de la escuela, le pregunta: "¿Qué aprendiste hoy?". El estudiante debe poder formular la idea principal sin dudarlo. (¡Es de imaginar la felicidad del padre o madre al escuchar algo más que "No sé" o "Nada"!)

Los expertos en marketing siguen un principio conocido como la Regla de los siete. Según este principio, un integrante del público al que se desea llegar debe ver o escuchar un mensaje al menos siete veces antes de que lo "capte" y actúe en consecuencia. Sin esta repetición el mensaje se pierde entre otros mensajes competidores. El público duda de que el producto o servicio sea de real necesidad. Existe preocupación por el costo e incertidumbre sobre la confiabilidad del vendedor. Los objetivos de un catequista son algo distintos: no tratamos de vender algo a cambio de una ganancia, por ejemplo. De cualquier modo, la Regla de los siete viene muy bien porque, en cierta manera, estamos "promocionando a Dios". Nos esforzamos por transmitir una idea que consideramos fundamental para la vida y el bienestar de nuestros estudiantes. Y debemos competir con muchos otros mensajes. Nuestros participantes todavía no están convencidos de que necesitan el Evangelio de Jesús para vivir felices y con éxito. También están preocupados por el "costo" del discipulado. Finalmente, no están del todo seguros de que seamos confiables. Construir semejante confianza lleva tiempo. Por lo tanto, tenemos que anunciar nuestra idea principal con mucha frecuencia, audacia y claridad.

¿De dónde, entonces, proviene esa idea principal? En la mayoría de los casos la hallamos escrita con claridad en el manual del catequista. A menudo, la idea principal está expresada en el título del capítulo o la lección, el cual está íntimamente relacionado con el tema de la sesión. Por ejemplo, cuando al azar hojeo el manual del catequista *Encontrando a Dios* para sexto grado, veo los siguientes temas o ideas principales:

- Sesión 3: La raíz del pecado es la falta de confianza en Dios.
- Sesión 12: Los Salmos nos enseñan a rezar.
- Sesión 16: Los profetas llamaban al pueblo al arrepentimiento y a la conversión.
- Sesión 21: Jesús nos llama a practicar las virtudes de la fe, la esperanza y la caridad.

Una vez que hemos identificado la idea principal de una sesión y la podemos expresar en una sola oración, debemos planificar para "publicitarla" durante la sesión. ¿Cómo hacerlo? Podemos escribirla en la pizarra en letra de imprenta grande antes de empezar la clase. Podemos imprimirla en hojas para distribuir en la sesión. Podemos incluirla en una presentación de PowerPoint. Podemos repetirla una y otra vez a lo largo de la lección y podemos referirnos a ella en nuestras experiencias de oración. Podemos elegir y poner alguna melodía que refuerce esa idea. Podemos pedirles a los estudiantes que diseñen pósters, que escriban ensayos o que hagan dibujos que la expresen. Al igual que cualquier buen estratega de marketing, podemos buscar muchas maneras inteligentes y efectivas de anunciar el mensaje y utilizarlas.

Lo más importante es que una vez que tengamos claro cuál será la idea principal de la sesión, podemos utilizarla para "entrar por su puerta".

## Cómo "engancharlos"

Existen muchísimas "entradas" a la mente y al corazón de los estudiantes. La clave para el éxito en el paso Participar es hallar aquella entrada que se relacione mejor con la idea principal que estamos enseñando. La entrada estará marcada con una imagen o idea que resulte familiar e interesante para los estudiantes. Por ejemplo, la idea principal para una sesión de niños de cuarto grado que tuve una vez era la siguiente: "Dios moldea nuestra conciencia". Me concentré en la palabra *moldear*, pues era la más gráfica, y me pregunté cómo podía relacionarse esta palabra con la vida de un niño de cuarto grado. Pronto se me vino a la mente la imagen de quien moldea arcilla. Fui a la tienda y compré algunas latas de plastilina y las repartí durante el paso Participar de la sesión. Después de pedirles a los niños que moldearan figuras, me puse a deambular por el lugar, alentándolos, elogiando sus creaciones y utilizando varias veces la palabra *moldear*. (Cuando les conté que cuando niño solía jugar con plastilina, uno de los estudiantes contestó: "¿Ya existía en esa época?" ¡Muy avispado el chico!)

Minutos más tarde, les pedí a los pequeños escultores que mostraran lo que habían hecho. Una vez que hubieron enseñado sus creaciones y comentado sobre ellas, les hablé sobre la naturaleza de la arcilla. Resalté que podemos moldear la plastilina siempre que esté fresca y maleable. Les pregunté qué pasa cuando se la deja al descubierto. Los expertos respondieron que el material se endurece y que se torna imposible de moldear.

Era ahora el momento de la gran transición. Les dije: "Hoy aprenderemos cómo Dios puede moldearnos, en especial aquella parte de nosotros a la que llamamos conciencia. Mientras permanezcamos bajo la protección de Dios, él podrá moldear nuestros corazones con facilidad. Cuando nos alejamos de Dios, nuestro corazón se endurece y es más difícil moldearlo". En menos de un minuto había logrado entrar por sus puertas y comenzado a conducirlos hacia la mía —y la de Dios—. Todo estaba listo para aprender cómo Dios moldea nuestra conciencia.

Un mes más tarde, el párroco asociado visitó la clase e hizo la pregunta que todo catequista teme: "Bien, niños, ¿qué han aprendido?". Crucé los dedos y en silencio recé para que los niños tuvieran algo que decir. Algunos compartieron sus reflexiones sobre la clase de esa tarde, y uno o dos niños recordaron algo de las semanas anteriores. A esto le siguió un silencio absoluto. Después de algunos momentos —que parecieron eternos— les dije: "¿Alguien le puede contar al padre lo que hicimos con la plastilina?". Al principio los niños parecían confundidos, pero una niña levantó la mano y dijo orgullosa: "Dios puede moldear nuestra conciencia". ¡Gracias, Jesús!

Lo interesante del asunto fue que la niña no dijo ni una palabra sobre la arcilla, pero lo que sí recordaba era la idea principal de esa lección, tal como yo lo esperaba. Había entrado por la puerta de la plastilina hacia la puerta que conduce a Cristo.

## ¿Y los niños mayores?

Claro, entrar por la puerta de un niño de cuarto grado es muy distinto a entrar por la puerta de un estudiante de secundaria. Veamos la diferencia por medio de un ejemplo.

Una vez, cuando daba clase a muchachos de octavo grado, tuve que planificar una sesión con esta idea principal: "Podemos confiar en Dios, nuestro Padre". Me había propuesto que el centro de la sesión fuese el concepto de confianza. Quien sabe algo sobre adolescentes sabe que, literalmente hablando, viven "conectados". Siempre están conectados a algún aparato, a menudo escuchando música. De hecho, los expertos dicen que a esa edad los adolescentes escuchan música por un promedio de tres a tres horas y media al día. Indudablemente, cuando se entra por la puerta de los adolescentes de secundaria, hay música. En consecuencia tuve que hacer un esfuerzo conjunto y consistente para hallar música contemporánea que atrajera su atención y cautivara su imaginación.

Para esta sesión en particular hallé una canción de una banda popular en la que el cantante lamenta no poder volver a confiar en alguien que solía ser muy cercano. Después de hacerles escuchar la canción, les pedí a los estudiantes que describieran las emociones del cantante. Dijeron que estaba enojado, frustrado y que se sentía defraudado. Les pregunté entonces qué es lo que la otra persona pudo haber hecho para que el cantante se sintiera así. Supusieron que la persona lo habría traicionado o que a lo mejor era una persona falsa. Después de debatir lo difícil que es confiar en alguien en esas circunstancias, les pedí que nombraran a la persona en la que más confiaban. Algunos nombraron a algún amigo; otros, a algún familiar, un docente o entrenador. Pero después, en un rapto de honestidad, uno dijo: "No confío en nadie excepto en mí mismo".

Cuando sucede, lo notamos enseguida. Yo había ingresado por la puerta de este joven a un mundo donde la confianza no es un bien fácil de conseguir. Y los demás jóvenes me siguieron. Estábamos ahora todos juntos en un espacio sagrado.

Una vez que me di cuenta del asunto, pude hacer la transición y pasar a la idea principal. "Es difícil confiar", les dije. "Sobre todo, es difícil confiar en quienes nos defraudaron. Hoy vamos a aprender sobre la confianza en Dios, nuestro Padre. Podemos confiar en Dios porque él cumple su promesa de fidelidad con nosotros, sobre todo al enviarnos a su Hijo Jesucristo".

Era el momento de guardar el reproductor de CD y acompañar a mis estudiantes desde su puerta hacia la mía. El resto de la clase se dedicó a explorar la historia de nuestra salvación y a explicar cómo, aun a pesar de la infidelidad de su pueblo, Dios permanece fiel y nunca lo abandona. Los jóvenes se fueron con una importante idea principal: Dios Padre es digno de confianza.

## No entretenerse

Es importante recordar que al "entrar por sus puertas" no debemos detenernos en el umbral. El objetivo es entrar, mirar, elegir y concentrarse en una imagen, y quedarnos con esa imagen a medida que guiamos a los participantes hacia nuestra puerta. Esto puede resultar difícil, pues a los jóvenes les encanta contar sus propias historias. Y me atrevería a decir que les encanta darles vueltas y vueltas. Pero es fundamental mantenerse en movimiento, pues el movimiento indica que hay un destino importante adonde llegar. De a poco, y con el tiempo, aquellos a quienes enseñamos comenzarán a comprobar que sus experiencias cotidianas apuntan directamente a Dios. Comenzarán a darse cuenta, a un nivel personal más profundo, de que Dios participa en sus experiencias cotidianas y de que, como enseñaba san Ignacio, pueden hallar a Dios en todas las cosas.

Ahora que logramos que nuestros estudiantes participen, es el momento ideal para compartir con ellos las riquezas del legado de nuestra fe y ayudarlos a que abran sus corazones a la presencia de Dios en su vida. Pasemos al segundo paso: Explorar.

# Capítulo 5

# Segundo paso: Explorar

*25 minutos*

Hasta este punto se ha logrado establecer un ambiente de oración y se presentó la idea principal. Es hora de darla a conocer, de mostrar cómo la idea principal, que proviene de nuestra herencia de fe, arroja luz sobre nuestro diario vivir y nos transforma, si lo permitimos. Es decir, estamos por transmitir el contenido de nuestra fe. Lo que se hizo en los pasos anteriores fue asegurar que la transmisión de contenido no se produzca en un vacío, sino que ocurra dentro de un clima de oración y que guarde relación con la experiencia diaria. La tarea del paso Explorar es unirlo todo: mostrar la manera en que nuestras historias individuales están estrechamente ligadas a la "gran historia" de nuestra salvación en Jesucristo.

## Pero antes, más oración

Antes de abordar de lleno el contenido del libro de texto, hay un par de cosas que se pueden hacer para reforzar el clima de oración ya creado. Es importante recordar que la sesión debe parecerse más a la misa que a una clase.

### Un momento de silencio

Leer un libro de texto sobre Jesucristo y su Buena Nueva no debería ser lo mismo que leer cualquier otro tipo de libro de texto. Debería ser una experiencia sagrada. Para dar a entender a los participantes que esta lectura será algo especial, es una buena idea invitarlos a ponerse de pie y permanecer en silencio por unos segundos. Podemos decirles lo siguiente: "Estamos por leer en el libro algo acerca de la Buena Nueva que Jesús nos da. Preparémonos para abrir la mente y el corazón a la Palabra de Dios mientras permanecemos de pie y en silencio por unos breves instantes". Si todavía no les hemos pedido a los participantes que hagan la triple Señal de la Cruz en la frente, los labios y el corazón, este es el momento ideal para que lo hagan y para que rueguen que la Palabra de Dios esté en su mente, en sus labios y en su corazón. De esta manera estaremos utilizando gestos sagrados (uno de los elementos del lenguaje de misterio) para conectar la Liturgia de la Palabra que celebramos en la misa con la lectura de la Palabra de Dios que tendrá lugar en la sesión.

## Una lectura de las Escrituras

Cada lección está basada en las Escrituras. Es por eso que los manuales para catequistas de las editoriales católicas más importantes incluyen referencias bíblicas para cada lección. Estos pasajes bíblicos suelen ser breves, pero tienen una estrecha relación con la idea principal de cada lección. Se le puede pedir a algún voluntario que pase al frente y proclame el pasaje bíblico; de esta manera, los participantes podrán recordar esta relación.

- Es importante marcar el pasaje bíblico antes de empezar la sesión.
- También se deberá colocar la Biblia en un lugar bien visible (por ejemplo, en la mesa de oración).

- Se le puede pedir al voluntario que pase al frente, se incline desde la cintura ante la Biblia en señal de reverencia y tome la Biblia.
- Después de proclamar el pasaje bíblico, el voluntario puede decir: "Palabra de Dios" (si la lectura no es una de los Evangelios) o "Palabra del Señor" (si el pasaje proviene de uno de los cuatro Evangelios). El grupo responderá con "Te alabamos, Señor" o "Gloria a ti, Señor Jesús".
- El voluntario regresará la Biblia a su puesto de honor, volverá a hacer una reverencia y volverá a su asiento.

## Un breve repaso

Este es el momento para repasar y reforzar ideas vistas en la sesión anterior. En sus *Ejercicios Espirituales*, san Ignacio de Loyola hizo hincapié en la necesidad de la repetición durante el aprendizaje y la integración de nuevos conceptos, creencias y prácticas. El énfasis en la repetición sigue siendo un distintivo de la pedagogía ignaciana, es decir, los métodos inspirados en san Ignacio. No obstante, la repetición no consiste en memorizar el material sin pensar. En cambio, debería consistir en volver a abarcar conceptos ya aprendidos para poder construir sobre ellos e integrarlos con otros nuevos. El repaso puede ser breve, y la relación entre lo aprendido "la semana pasada" y aquello a aprender en "esta semana" puede ser sencilla, pero clara.

Por fin es momento de que los participantes abran los libros de texto y puedan aprender algo más sobre la idea principal que se vino insinuando durante aproximadamente media hora.

## Lectura del libro de texto

A esta altura es posible que nos digamos: "Todo lo que estuve haciendo hasta ahora es demorar la parte aburrida de la lección". No es así. Leer del libro de texto no tiene por qué ser aburrido, y no lo será si creamos el tipo de ambiente que se describió en las páginas anteriores. En este tipo de ambiente, leer del libro de texto no ocurre en un vacío o desconectado de la vida real, sino que ocurre en un clima de oración, en la presencia real del Dios vivo, y tiene una estrecha relación con la vida diaria.

Aun así, no es mala idea agilizar el proceso. A continuación se ofrecen algunas técnicas para que la lectura en el aula sea más activa y no tan pasiva.

**Lanzamiento de la pelota**

Es común que cada vez que se soliciten voluntarios para leer en voz alta, muchos bajen la cabeza y dirijan la vista hacia otro lado. Nadie desea ofrecerse para leer. Cuando ello ocurra, podemos intentar lo siguiente: sacar una pelota de esponja, lanzarla al aire y hacer movimientos con los brazos como si la estuviéramos lanzando a los participantes. Al instante levantarán las manos para atrapar la pelota, y muchos nos rogarán que se la lancemos a ellos. En el medio del frenesí podemos decir: "Bien, ¿quién será el primero en leer?", y luego lanzar la pelota a un participante de confianza. Podemos pedirle que lea como de costumbre, y que cuando llegue el momento de que lea otro, con suavidad lance la pelota a otro estudiante. Como por arte de magia, la idea de leer en voz alta ya no será un impedimento. Todos querrán atrapar la pelota, y el catequista tendrá una clase llena de voluntarios.

### Entrevistas en parejas

Esta estrategia es muy efectiva cuando hay mucho material que leer y los participantes están en cuarto o un grado superior. Los estudiantes se sentarán en parejas y se le asignará la mitad del texto a uno de ellos y la otra mitad al otro. Deberán leer el texto asignado en silencio y habrá que darles el menor tiempo posible para que terminen la tarea. ¿Para qué? Para crear la sensación de urgencia. Si los estudiantes se quejan de que, por ejemplo, cuatro minutos no bastan, podemos mirar el reloj y decirles, con preocupación: "Ahora tienen nada más que tres minutos y medio". Claro está que si es necesario, es posible añadir unos minutos extra cuando se acaba el tiempo "real". Pero puedo asegurarles que nos habremos hecho un favor al generar esta sensación de urgencia.

Una vez que los pares hayan leído su parte en silencio y que el tiempo haya expirado, se les pedirá que se turnen para hacerse preguntas entre sí sobre el texto. Se les puede entregar una hoja de entrevista con preguntas modelo, como por ejemplo: *¿Cuál es la idea principal de la parte que leíste?*

*¿Cuáles son las palabras clave de esta parte? ¿Cuál es la oración o idea más inspiradora de esta parte? ¿Qué idea de esta parte debería saber o practicar todo católico?* Una vez más, se deberá asignar el menor tiempo posible. Cuando los pares hayan terminado sus entrevistas, se les pedirá que compartan con la clase lo que el compañero leyó, y el catequista podrá resaltar o agregar información importante.

**Organizador gráfico**

Los estudiantes deberán recibir una hoja de trabajo que los ayudará a identificar y organizar datos a medida que leen el texto en silencio. El organizador gráfico debe ser sencillo. Puede ser una hoja de papel con cuatro recuadros titulados *Ideas principales, Palabras clave, Idea más interesante* y *Dudas.* Cuando los estudiantes hayan terminado de leer y de registrar ideas, se puede utilizar el organizador gráfico para conducir el debate posterior.

**Tarjetas con palabras clave**

Previo a la clase podemos identificar palabras clave en el texto de la lección y escribirlas en tarjetas, una por tarjeta y al menos una tarjeta por estudiante, o más si es posible. Durante el paso Explorar de la sesión se repartirán las tarjetas a los estudiantes. A medida que se lee el texto en voz alta, ellos deberán gritar "¡TIEMPO!" cada vez que oigan alguna de las palabras de sus tarjetas. Cuando ello ocurra, el estudiante deberá mostrar la tarjeta a los demás y otro estudiante deberá explicar la importancia de la palabra o dar una definición de la misma. Si hace falta, habrá que corregir la respuesta del estudiante o proveerla. Se puede usar cinta adhesiva para pegar las tarjetas en la pizarra y crear un muro de palabras para la lección. Si el estudiante no dijo "¡TIEMPO!" cuando se leyó su palabra clave, deberá permanecer de pie por lo que quede del tiempo de lectura (o por el tiempo que parezca razonable).

Existen muchas maneras creativas de leer un libro de texto. Estas son algunas de ellas. Lo importante, sin embargo, es que una experiencia de lectura activa (y no tan pasiva) reforzará una idea importante en la mente de los participantes: que Dios merece e inspira nuestra energía y entusiasmo.

## Refuerzo

La misa que celebramos consta de dos partes principales: la Liturgia de la Palabra y la Liturgia Eucaristía. El culto consiste, básicamente, de palabras y signos. No solo escuchamos la Palabra de Dios, sino que participamos en acciones por las cuales tenemos un encuentro más profundo con la presencia de Dios. Del mismo modo, las sesiones de catequesis deberían hallar un equilibrio entre palabra y acción. Después de leer el libro de texto, es fundamental reforzar la idea principal pidiéndoles a los estudiantes que participen en algún tipo de actividad.

Recomiendo alguna experiencia apropiada según la edad y que ayude a los estudiantes a expresar, visualizar o experimentar la idea principal. Es posible que el manual del catequista o la página web de la editorial sugiera actividades relacionadas con el tema o la idea principal de cada sesión. Un buen recurso (disponible solo en inglés) es el *Activity Finder* [Buscador de actividades] que se encuentra en www.loyolapress.com. (No es necesario utilizar un programa académico de Loyola Press para acceder a este recurso, pero sí es necesario registrarse como miembro en la página web). Loyola Press ofrece también *Expand the Experience* [Para ampliar la experiencia] (disponible solo en inglés), una caja con 120 tarjetas plastificadas, cada una con un tema adecuado según la edad y su correspondiente actividad, los cuales reforzarán la lección del programa en particular.

En mi caso personal creo mucho en actividades que hacen la lección algo más dinámica e interesante. En mi blog, www.catechistsjourney.com, ofrezco de manera gratuita algunos seminarios web como *Getting Started as a Catechist* [Cómo iniciarse como catequista] (solo en inglés). Allí puntualizo y explico actividades que son efectivas y adecuadas para distintos grupos etarios; se trate de escuela primaria o escuela secundaria en sus distintos niveles o de adultos. Para tener una mejor idea de estos recursos se puede visitar mi blog y buscar en la etiqueta de *Webinars* en la parte superior de la página de inicio.

Mientras tanto, les ofrezco algunas actividades apropiadas para distintas edades:

**Actividades de refuerzo para niños de escuela primaria**

- Narración de historias
- Dibujo y manualidades
- Teatro
- Memorización
- Canto
- Espectáculos de marionetas
- Completar hojas de actividades u hojas maestras en blanco

**Actividades de refuerzo para niños entre 10 y 13 años**

- Actividades prácticas y manualidades
- Juegos de repaso
- Lectura individual (sobre todo, historias sobre héroes de la Biblia)
- Canto
- Trabajos en equipo o actividades de aprendizaje colaborativo
- Hojas de actividades u hojas maestras en blanco
- Estaciones de aprendizaje

**Actividades de refuerzo para estudiantes de escuela secundaria**

- Música contemporánea
- Uso de tecnología
- Debates y programas de entrevistas
- Juegos para "romper el hielo"
- Diseño de accesorios y ayudas visuales
- Proyectos de manualidades avanzados
- Debates sobre sucesos de actualidad

## Catequesis de adultos

La función de la catequesis de adultos es muy distinta de la de jóvenes. Los adultos se manejan solos; no es necesario llevarlos de la mano. El catequista de adultos debe verse como un facilitador más que una autoridad, sin olvidar, no obstante, que tiene información y experiencias dignas de compartir. Los participantes adultos deberían fijar los objetivos y tiempos para sus propias experiencias de aprendizaje, ya que esto les dará la sensación de que son dueños del proceso, a lo cual tienen todo el derecho. Pero al igual que los jóvenes, los adultos aprenderán mejor cuando tengan deseos de aprender y cuando esté clara la razón para aprender. Por lo tanto, es importante que el catequista explique por qué el material es valioso y cómo se relaciona con las experiencias de vida de los participantes. Después de que ocurra todo esto, la mejor actividad de refuerzo para los adultos es la *conversación.*

## Transición en actitud de oración

El final de este paso, Explorar, marca el momento ideal para la transición al segmento de la sesión que se dedica exclusivamente a la oración: el paso Reflexionar. Una excelente manera de realizar la transición es invitando a los participantes a que escuchen (o canten) una canción o himno que exprese la idea principal de la sesión. Los himnarios católicos más importantes incluyen un índice que organiza los himnos según el tema. Si el catequista prefiere métodos de investigación de alta tecnología, la página web de la *Oregon Catholic Press* ofrece una lista de palabras clave (*caridad, iglesia, mandamientos, ánimo*) con vínculos a una lista de canciones relacionadas con ese tema, con grabaciones digitales incluidas. Se puede consultar en http://www.ocpenespanol.org.

Una vez que hayamos encontrado alguna canción o himno que nos gustaría utilizar, debemos preguntarle al director de catequesis si tiene alguna grabación, o podemos descargarlo de internet. Se podría también buscar alguna meditación visual para que acompañe la canción o himno: existen muchas de ese tipo en YouTube. Cuando escribo el título de algún himno elegido al azar (por ejemplo, "Un pan, un cuerpo", "Yo soy el pan de vida", "Somos el cuerpo de Cristo" o "Cien ovejas"), encuentro muchas reflexiones y meditaciones de excelente calidad que se pueden utilizar en una clase de catequesis.

Antes de comenzar con el paso Reflexionar, se puede hacer escuchar la melodía y pedirles a los estudiantes que escuchen en silencio o que acompañen con el canto. Una vez que se haya creado una actitud de oración, estaremos listos para pedirles a los participantes que entren al segmento más íntimo de la sesión.

## Capítulo 6

# Tercer paso: Reflexionar

*10 minutos*

Es hora de dar el paso más importante del proceso catequético: el momento en que buscamos un encuentro, un encuentro muy real, con Cristo resucitado que está en medio nuestro. El paso Reflexionar es la clave para marcar una diferencia entre lo que hacemos en la catequesis y lo que los maestros hacen en la escuela. Este paso nos recuerda que Jesucristo no es una materia de estudio sino una Persona viva, y que el objetivo de la catequesis es estar "en comunión, en intimidad con Jesucristo" (*Directorio General para la Catequesis*, 80). El paso Reflexionar es un momento íntimo con Jesús.

Antes de seguir adelante, quisiera señalar dos cosas sobre este paso. En primer lugar, la adaptación a este paso puede resultar difícil para los niños, sobre todo para los que cursan los primeros años de secundaria. En segundo lugar, los niños de cualquier edad no tardan en considerar esta parte de la sesión como su parte favorita. Es difícil enseñarles a los niños a que permanezcan quietos y callados, pero bien vale la pena el esfuerzo.

## Usar la imaginación para orar

La tradición católica cuenta que mientras santa Juana de Arco era juzgada por hereje, el inquisidor se burlaba de ella. "Usted dice que Dios le habla", se mofaba, "pero no es más que su imaginación". Se cuenta que Juana, con mucha valentía, contestó: "¿Y cómo podría Dios hablarme si no es por medio de mi imaginación?". Santa Juana señalaba una realidad tan sencilla que muchos solemos pasar por alto: Dios ciertamente nos habla por medio de la imaginación.

En su obra *Touched by God* [Tocado por Dios], el Padre John Powell, S.J., analiza la manera en que Dios nos habla, no tanto con palabras sino por medio de los sentimientos, recuerdos, deseos, pensamientos e ideas. En la Tradición católica hay una larga historia de oración, de modo tal que podemos invitar a Jesús a hablarnos por medio de la imaginación. Este tipo de oración se conoce como oración reflexiva, y es el tipo de experiencia de oración que esperamos lograr con el paso Reflexionar.

Es cierto que uno de los grandes promotores de la oración reflexiva fue san Ignacio de Loyola. Una de las características más notables de Ignacio era su gran imaginación, que fue un factor decisivo en su conversión y que siguió moldeando su vida de oración a lo largo de su ministerio. De hecho, su profundo compromiso con la oración imaginativa o reflexiva ha hecho de este tipo de oración uno de los aspectos más destacados de la espiritualidad ignaciana.

El enfoque que Ignacio tuvo sobre la oración imaginativa lleva a la persona a ubicarse dentro de una historia del Evangelio y a utilizar todos sus sentidos para participar en esa historia, prestando mucha atención a lo que se ve, oye, huele, siente e incluso saborea. Sobre todo, se nos invita a prestar mucha atención a lo que Jesús dice en la historia del Evangelio. Nuestra imaginación cuenta entonces con material adecuado para escuchar lo que Jesús puede estar diciéndonos *a nosotros*.

Este tipo de oración nos permite tener un encuentro con Jesús de una manera muy personal: una manera que acerca a Jesús al corazón de las personas. Es, por lo tanto, adecuado para personas de todas las edades.

## Tres pasos

La conducción de reflexiones (o meditaciones) guiadas consta de tres pasos básicos:

1. Prepararse para orar
2. Conducir la reflexión guiada
3. Dedicar un tiempo en silencio con Dios

El tiempo que se dedicará a una reflexión guiada dependerá de la edad de los participantes. La regla general es dedicar un minuto por año de la edad aproximada de los participantes. El catequista de preescolar necesitará, por ejemplo, una reflexión guiada de tres a cuatro minutos. (Alguien me dijo que lo ideal para este grupo etario es 90 segundos, pero que también a los preescolares les encanta y están "preparados" para ello). Si los estudiantes son niños de primero a tercer grado, lo ideal serán reflexiones guiadas de seis a ocho minutos. Para niños de grados intermedios, 10 minutos serán suficientes. En el caso de estudiantes de secundaria o preparatoria, se podrá llegar a los 15 minutos. En el caso de adultos, es ideal tener reflexiones guiadas de entre 15 y 20 minutos. Cualquier aumento de esos lapsos constituirá un desafío, sin importar la edad.

Veamos con más detenimiento estos tres pasos para conducir una reflexión guiada:

## Primer paso: prepararse para orar

La mayoría de las personas, sobre todo los niños, viven ocupados, en medio del ruido, y se les hace difícil lograr un clima de oración cuando se necesita. Es necesario un período de transición, y de eso se trata el primer paso. El objetivo es pedirles a los participantes que se concentren en la presencia de Dios y que generen un clima de oración tranquilo y cómodo para ayudarlos a ignorar las distracciones. Este primer paso puede llevar de 30 segundos para los más pequeños hasta cuatro o cinco minutos para los niños mayores y los adultos. Se pueden tomar en cuenta las siguientes sugerencias mientras preparamos al grupo para la oración reflexiva.

### Recomendar una postura cómoda

De ser posible, se les puede pedir a los jóvenes que abandonen sus asientos y se ubiquen en un lugar más cómodo en el suelo, donde puedan sentarse con la espalda apoyada contra la pared. Esta postura le brinda soporte al cuerpo y hace que la persona se mantenga alerta. También me gusta pedirles a los participantes que pasen al frente y tomen una pequeña vela de baterías como recordatorio de su bautismo y de la luz de Cristo, y la lleven a su espacio de oración, o "espacio sagrado". (Con el tiempo, los niños comenzarán a hablar de toda la experiencia de reflexión guiada como un espacio sagrado: "Señor Paprocki, ¿vamos a tener el espacio sagrado esta noche?"). Si hay poco espacio o si el suelo es muy duro, los participantes pueden acomodarse en sus asientos, y quizás puedan sentarse con más espacio entre sí para tener más libertad de movimiento. Se les puede pedir a los participantes que cierren los ojos o que centren su atención en un símbolo o cuadro sagrados.

### Estimular la respiración profunda

A continuación, se puede dedicar un par de minutos para ayudar a los participantes a relajarse y respirar profundo. Podemos pedirles que relajen las manos y que lenta y silenciosamente inhalen y exhalen gradualmente. Podemos ayudarlos a establecer un ritmo de respiración haciéndolos contar lentamente hasta tres mientras inhalan y que exhalen a medida que el catequista cuenta suavemente hasta tres.

### Usar música que estimule la reflexión

La música reflexiva o instrumental puede ser de ayuda para neutralizar las distracciones del aula y crear un entorno propicio. Para muchos, el silencio total puede ser demasiado molesto. Se puede pensar que la música es ruido blanco en segundo plano y que crea una atmósfera relajada y de oración. Créanme que funciona.

## Segundo paso: conducir la reflexión guiada

Podemos empezar la reflexión guiada pidiendo a los participantes que reflexionen o mediten sobre algún aspecto del tema o idea principal que estamos enseñando. Más adelante veremos de dónde sacar nuestras reflexiones guiadas. Una vez que las tengamos, he aquí una manera excelente de utilizarlas.

**Dar instrucciones paso a paso**
Por medio de una serie de instrucciones apropiadas según la edad, las cuales hemos preparado o seguido de algún recurso (por ejemplo, un libro de meditaciones guiadas para niños, adolescentes o adultos), les podemos pedir a los participantes que usen su imaginación y entren en un entorno donde puedan tener un encuentro con Jesús, meditar en sus palabras y conversar con él.

**Utilizar los sentidos**
Los participantes utilizarán su imaginación para ir a un lugar donde se puedan encontrar y hablar con Jesús. El entorno puede ser alguna historia bíblica preferida (el nacimiento de Jesús, las bodas de Caná o el Sermón de la Montaña) o un lugar favorito, por ejemplo, un campo, un parque, una playa o un jardín. Podemos pedirles a los participantes que vean, oigan, huelan y sientan los alrededores y que inicien una conversación con Jesús.

Podemos animarlos a hablar con Jesús tal como lo harían con un amigo íntimo.

**Hablar despacio y hacer pausas frecuentes**
Cuando hablamos despacio y hacemos pausas al final de cada línea de reflexión, podemos establecer un espacio sagrado en el que los participantes pueden orar, reflexionar y usar la imaginación para tener un encuentro con Jesús. A medida que conducimos la reflexión guiada podemos caminar por el aula de manera que podamos identificar cualquier conducta inadecuada y corregirla con amabilidad sin interrumpir la reflexión.

Esta parte del paso Reflexionar puede durar de un minuto con niños pequeños hasta 10 minutos con niños mayores y adultos.

## Tercer paso: dedicar un tiempo para estar en silencio con Dios

Para concluir la reflexión guiada, se les puede pedir a los participantes que pasen unos minutos en silencio con Dios y que tomen conciencia de su presencia. Esto se conoce como contemplación. Este último paso puede durar de 30 segundos con niños pequeños hasta tres o cuatro minutos con niños mayores y adultos. Para facilitar ese momento de silencio con Dios, podemos utilizar alguna de las siguientes recomendaciones:

**Oración en silencio**
Se puede animar a los participantes a que descansen en la presencia de Dios. Podemos guardar silencio y dejar que este los circunde. Podemos ir bajando el volumen a la música de fondo hasta que se produzca un silencio total.

**Transición**
Después de un lapso razonable, podemos decir algunas palabras amables para ayudar a los participantes a que vuelvan al grupo y se preparen para la próxima actividad. Podemos pedirles que abran los ojos, se enderecen, se estiren y regresen lentamente y en silencio a sus lugares.

**Respeto**
Los pensamientos y reflexiones en oración de los participantes les pertenecen solamente a ellos. Podemos demostrar respeto por su conversación con Dios permitiéndoles que conserven esos pensamientos para sí mismos. Se les puede pedir a

quienes así lo deseen que compartan su experiencia, pero no exigir que todos lo hagan. Algunos catequistas utilizan este tiempo para que los participantes tomen nota de sus experiencias.

## Recursos para conducir reflexiones guiadas

Una vez que estemos familiarizados con los tres pasos arriba mencionados, seremos capaces de formular nuestras propias reflexiones guiadas, incluso de manera espontánea. No es muy distinto de contar alguna historia antes de ir a dormir, algo que los padres, abuelos, tíos y hermanos mayores hacen todo el tiempo.

Hasta que estemos bien familiarizados con el tema, recomiendo consultar a algunos recursos.

Disponibles en español:

*Rezando con la Biblia: meditaciones guiadas para niños* (Loyola Press, 2008)

*Rezando mi fe: meditaciones guiadas para niños* (Loyola Press, 2008)

Disponibles solo en inglés:

*Guided Reflections for Children, Volume 1: Praying with Scripture* (Loyola Press, 2008)

*Guided Reflections for Children, Volume 2: Praying My Faith* (Loyola Press, 2008)

*The Ball of Red String: A Guided Meditation for Children* (Loyola Press, 2008)

*Pray Me a Story* Series 1 (Loyola Press, 2010)

*Pray Me a Story* Series 2 (Loyola Press, 2012)

*Finding God: Our Response to God's Gifts,* un programa académico (1° a 8° grado) que incluye reflexiones guiadas en cada unidad (Loyola Press, 2013)

*In My Heart Room: 21 Love Prayers for Children* (Liguori Publications, 1998)

*Guided Meditations for Children: 40 Scripts and Activities Based on the Sunday Lectionary* (Resource Publications, 1995; disponible en formato eBook)

*Journey to the Heart: Centering Prayer for Children* (Paraclete Press, 2007)

*Guided Meditations for Teens: Living Through the Church Year* (Resource Publications, 1997; disponible en formato eBook)

*Learning to Meditate: A Thirty-Day Introduction to the Practice of Meditation* (St. Mary's Press, 2000)

*Guided Meditations for Child Catechumens* (Resource Publications, 2000)

*Guided Meditations for Adult Catechumens* (Resource Publications, 1999; disponible en formato eBook)

## Lo que los niños opinan sobre la oración reflexiva

Había dicho que, para muchos niños, la oración reflexiva es una de las partes favoritas de su experiencia en educación religiosa. Para respaldar esta afirmación, les ofrezco algunos comentarios de niños de cuarto grado que Kim, una catequista, envió a mi blog, *The Catechist's Journey* [El trayecto del catequista]. (¡Gracias, Kim!)

Lo que más me gusta de orar juntos es. . .

- Cuando meditamos.
- Cuando meditamos porque me relaja y me hace pensar en Jesús.
- Cuando cerramos los ojos y pensamos en distintos momentos con Jesús.
- Cuando Kim nos lee historias y cuando nos hace ir a algún lugar para pasar tiempo con Jesús.
- Hablar sobre Jesús y cerrar los ojos para estar con él.
- Me siento muy conectado con Jesús cuando estamos allí. Siento que se encuentra en el aula y que está orando a Dios con nosotros.
- Puedo sentirme cómodo y pensar en Dios.
- Que podemos relajarnos y pensar en Dios y Jesús.
- Lo que más me gusta es meditar.
- Cerrar los ojos y pasar tiempo hablando con Jesús.

Lo que he aprendido sobre mí mismo y sobre mi relación con Jesús durante los momentos de oración es. . .

- Que es un gran amigo mío.
- Me salvó del pecado.
- Me ama más de lo que puedo imaginarme.
- Que todos, tanto niños como niñas, somos hijos de Jesús, y que Jesús siempre está dispuesto a escucharnos.
- Puedo contar con Jesús cada vez que lo necesito.
- He aprendido que Jesús está muy cerca de mí y que siempre lo amaré.
- Me hace sentir especial.
- Jesús me ama, no importa lo que yo haya hecho, y siempre me amará.
- Es mi amigo.
- Siento que estoy mucho más cerca de Jesús y que en realidad pertenezco aquí.

Comentarios adicionales:

- Orar con Kim es divertido.

- Me gusta orar.
- Ojalá pudiera hacerlo todos los días, todo el día.
- Me gusta ir a la oración con Kim. Es genial orar con ella y sé que Dios la ama de verdad.
- Espero con ansias la próxima vez que podamos orar.
- La hora de oración de hoy fue divertida.
- Cuando el maestro dice que oraremos con Kim, nos ponemos contentos de ir a orar y estar con Jesús.

## Un ejemplo de reflexión guiada

Si todavía tenemos dudas de cómo es en realidad una reflexión guiada, aquí hay un ejemplo tomado de *Encontrando a Dios: nuestra respuesta a los dones de Dios*, manual del catequista, quinto grado (Loyola Press).

### Llamados a la santidad

*Duración: aproximadamente 10 minutos*

Todos tenemos imaginación. La imaginación nos permite ir a lugares y hacer cosas que de otro modo sería imposible. Hoy utilizaremos la imaginación para ayudarnos a orar. *(Pausa)*. Ahora bien, antes de comenzar, busca la posición que te resulte más cómoda. *(Pausa)*. Si lo deseas puedes cerrar los ojos. *(Pausa)*. Relaja todo el cuerpo, el cuello, los hombros, los brazos, las piernas. *(Pausa)*. Siente la tensión que fluye fuera de tu cuerpo, que se difunde en el aire y se aleja. *(Pausa)*. Quédate muy quieto y escucha el ritmo de tu respiración. Escucha. *(Pausa)*. Siente cómo la respiración entra y sale, entra y sale, entra y sale. *(Pausa)*. Entonces comencemos. *(Pausa)*.

Imagina que estás en algún lugar donde quisieras estar. Quizás sea un lugar donde ya tuviste un encuentro con Jesús, o tal vez un lugar distinto. Puedes elegir porque todo es posible en la imaginación. ¿Por qué no en tu época favorita del año? *(Pausa)*. Deja que el clima se acomode a tu imaginación. *(Pausa)*. Sigue imaginando. Espera a que Jesús venga a ti. *(Pausa)*.

Ahí viene ya. Apenas lo ves, vas a su encuentro. Jesús está visiblemente contento de verte. Escúchalo decir lo contento que está de estar otra vez contigo. *(Pausa)*. Como de costumbre, te pregunta qué estabas haciendo. A veces la respuesta será: “Nada en especial”. Pero hoy es diferente. Jesús quiere saber si estuviste pensando en algún versículo de la Biblia: “Yo soy el Señor, su Dios, ustedes deben purificarse y ser santos, porque yo soy santo”. *

---

* Levítico 11:44

Ahora bien, quizás esta no es la manera en que sueles pensar. Pero hay algo en este versículo que resulta intrigante. A nadie le extraña la idea de que Dios sea santo. Pero sí la de que nosotros lo seamos, de que seamos y nos mantengamos santos. Esto amerita una explicación más detallada.

Quizás Jesús te pida que pienses en cualidades que alguien usaría para describir a Dios, como por ejemplo con palabras como amor, perdón, paciencia, comprensión, generosidad, etc. Llamémoslas "cualidades de Dios". Jesús entonces te pide que pienses en alguien a quien conozcas y que tenga estas cualidades. ¿Quién es? Cuéntale a Jesús sobre esa persona. *(Pausa)*.

Jesús fue un gran narrador de historias y quizás te pida que compartas alguna historia sobre esta persona. Puede llevar algo de tiempo elegir solamente una historia, pero no hay problema. Tómate el tiempo necesario para recordar y compartir esa historia con Jesús. *(Pausa)*.

Jesús dice que Dios es santo. Nos dice que también nosotros somos santos cuando actuamos como lo haría Dios. Cuando vivimos con generosidad, comprensión y paciencia, somos santos. ¡Sí! ¡Nosotros somos santos!

Qué declaración más asombrosa. Reflexiona sobre ello. *(Pausa)*. ¿Te atreves a decirle a Jesús que deseas ser santo pero que estás algo preocupado porque quizás no creas poder cumplir con ese llamado? *(Pausa)*.

Como es costumbre, Jesús nos reafirma y quiere que sepamos que no nos volvemos santos de repente. Crecemos en santidad. Cometeremos errores, pero no hay problema. Siempre podemos aprender de los errores y volver a intentarlo. Nos recuerda que el Espíritu Santo está siempre con nosotros para guiarnos. Jesús dice que él mismo nos ayudará cuando lo necesitemos. *(Pausa)*.

¿Esto te reconforta? *(Pausa)*. Ve a lo más profundo de tu corazón en compañía de Jesús. Ya conversaste mucho con él, ahora simplemente descansa en su amor. No hacen falta palabras. Quédate con Jesús y date cuenta de lo mucho que él se preocupa por ti. *(Pausa)*.

Ya es hora de irse. Si deseas una bendición especial de Jesús, pídesela. No te olvides de darle las gracias y despedirte. *(Pausa)*.

Poco a poco vuelve al aula. *(Pausa)*. Enderézate. *(Pausa)*. Estírate. *(Pausa)*. Pisa bien firme. *(Pausa)*. Mira a tu alrededor. *(Pausa)*. Todos están aquí. Estamos de regreso.

## Hablarle al corazón

Una vez, mientras daba un curso de cuatro semanas sobre la oración reflexiva para catequistas, una de ellas se entusiasmó con todo el concepto y estaba ansiosa por probarlo con sus estudiantes esa misma semana. A la clase siguiente contó con mucho entusiasmo:

> Estaba sustituyendo a la maestra de quinto grado y saludé a los niños a medida que llegaban. Uno de los niños me miró y me preguntó: "¿Quién eres?". Me presenté y le dije que era la suplente. "Muy bien", me dijo, "pero yo no creo en Dios". Semejante declaración tan directa y audaz me tomó desprevenida, pero preferí no tratar el asunto entonces. "Muy bien", le contesté, "gracias por avisar. Puedes tomar asiento". En el transcurso de la clase, el niño se comportaba con normalidad; si bien no mostraba demasiado interés, tampoco se portaba mal. Cuando llegó el momento de la oración decidí conducir una reflexión guiada. Observé con atención al niño seguir las instrucciones durante la experiencia. No tenía idea de en qué estaría pensando. Cuando terminó la clase, se quedó un buen rato hasta que se me acercó y me preguntó: "¿Estarás aquí la semana que viene?". Le contesté que sí. "Bien", me dijo. "¿Volveremos a hacer esto de la oración?". Le dije que sí, y me contestó: "Genial", y se marchó. Me dije a mí misma: "¡Para un niño de quinto grado, esto es ser muy expresivo!".

¡Claro que sí! Es notable que un niño de quinto grado se esfuerce por confesar que no cree en Dios y que más tarde demuestre interés por orar la semana siguiente. Lo maravilloso de esta historia, sin embargo, es que la catequista no se puso a debatir con el niño sobre la existencia de Dios, que es lo que posiblemente el niño pretendía que ella hiciera. En cambio, ella lo llevó a un encuentro con Dios. En vez de hablarle solo a su mente, le habló al corazón. *De esto* es de lo que se trata el paso Reflexionar.

Ahora que hemos guiado a los participantes a un encuentro en oración con el Señor resucitado, es hora de prepararlos para volver al mundo con una nueva perspectiva.

## Capítulo 7

# Cuarto paso: Responder

*10 minutos*

Recordemos el consejo de san Ignacio de "entrar por sus puertas pero irse por la propia". Ha llegado la hora de "irnos". En este paso despediremos a los participantes por nuestra puerta y los enviaremos al mundo con una nueva perspectiva, una nueva manera de ver la vida. Estos últimos minutos de la sesión son una oportunidad para repasar, resumir y evaluar hasta qué punto los participantes han logrado comprender la idea principal, para animarlos a adoptar nuevos hábitos en la semana venidera y, finalmente, despedirlos con una oración.

## Evaluación

Si bien tratamos de lograr que la formación religiosa se parezca *más a la misa que a una clase*, la catequesis incluye, no obstante, un componente académico. Es parte indispensable de nuestra labor como catequistas asegurarnos de que los participantes adquieran un conocimiento genuino de nuestra fe y que puedan transmitirla con amor y confianza. Por eso, es una buena idea utilizar estos últimos minutos de la sesión para resumir y revisar conceptos básicos y para evaluar la comprensión de los estudiantes sobre esos conceptos.

Si se nos hace difícil conectar la evaluación con la formación religiosa, podemos recordar la forma en que Jesús formulaba preguntas a modo de evaluar la comprensión de sus discípulos.

- Él les dijo: "¿También ustedes siguen sin entender?" (Mateo 15:16).
- Y les añadió: "Si no entienden esta parábola, ¿cómo van a entender las restantes?" (Marcos 4:13).

- Después de haberles lavado los pies, se puso el manto, volvió a la mesa y les dijo: "¿Comprenden lo que acabo de hacer?" (Juan 13:12).

Si vamos a enseñar como lo hizo Jesús, también deberemos evaluar si nuestros estudiantes comprendieron lo que les acabamos de enseñar. No solamente evaluamos el nivel de comprensión de conceptos básicos por parte de los estudiantes, sino que evaluamos cuán efectivos somos en transmitir esos conceptos. Buscamos evaluar cómo se van formando los estudiantes y hacer observaciones y comentarios que los ayuden a crecer.

Ya que las personas aprenden de distintas maneras, hacen falta distintos formatos de evaluación. Tres de las evaluaciones más comunes son las formales (pruebas, exámenes, ensayos), las informales (participación de los estudiantes en las actividades de clase) y las auténticas (oportunidades que tienen los estudiantes de vivir lo que aprendieron). A continuación, se ofrece más información sobre cada tipo de evaluación:

## Evaluación formal

Una evaluación formal formula la pregunta: *¿Cuánto sabe o entiende usted?* Esta evaluación, que se produce ya sea de manera escrita o de manera oral (generalmente pruebas o exámenes) es la más directa, y en consecuencia el catequista tendrá información clara y concreta sobre el desempeño de sus estudiantes. Es importante asegurarse de que las preguntas de las pruebas o exámenes mantengan relación con los objetivos de aprendizaje de la lección. Debemos ofrecerles a los estudiantes oportunidades para que ellos se evalúen a sí mismos y reciban comentarios u observaciones inmediatas.

## Evaluación informal

Una evaluación informal formula la pregunta: *¿Qué puede hacer usted con lo que sabe, y cómo lo hace?* La evaluación informal puede ser:

**Continua**

Se puede evaluar la comprensión que los participantes tienen de los conceptos mediante la participación en debates, el trabajo en equipo, la oración o la reflexión y el servicio a los demás.

**Tareas específicas**

Se puede apelar a oportunidades específicas para evaluar expresiones y respuestas verbales (orales y escritas) y no verbales (dibujos, manualidades).

La forma más común de evaluación informal es que los estudiantes completen las hojas de actividades u hojas maestras en blanco que están en el manual del catequista o en la página web de la editorial del libro de texto utilizado. A medida que los participantes completan la hoja de actividades o la hoja maestra en blanco, el catequista puede circular por el aula y evaluar si los estudiantes comprenden los conceptos básicos. También se pueden recolectar los trabajos de los participantes, revisarse más tarde y hacer comentarios u observaciones al respecto en la siguiente reunión.

Otro tipo de evaluación informal muy utilizado es que cada participante comparta algo que haya aprendido durante la sesión. Una catequista que conozco les dice a sus estudiantes que no pueden irse hasta que hayan compartido algo de real importancia. ¿No es admirable cómo un pequeño incentivo de ese tipo puede de repente estimular a los estudiantes para que recuerden y se expresen?

## Evaluación auténtica

La evaluación auténtica se basa en el rendimiento. Los estudiantes deben poner en práctica lo que han aprendido. Por muchas razones es el tipo de evaluación más eficaz, pues les brinda a los estudiantes la oportunidad de vivir el llamado al discipulado. Ayuda también a crear un patrón de vida.

Aquí muestro algunas maneras en que podemos ofrecerles a los participantes una experiencia de evaluación auténtica:

**Experiencias de servicio**
Podemos ofrecer a los estudiantes la oportunidad de poner su fe en práctica sirviendo a los demás, ya sea de manera grupal o individual.

**Tareas**
Podemos darles a los estudiantes una tarea que les exija practicar una virtud u obra de misericordia corporal o espiritual en la semana siguiente. Por ejemplo, un catequista que conozco estaba enseñando a niños de tercer grado sobre el sacramento

de la Reconciliación y concentrándose en el concepto del perdón. Les dijo a los estudiantes que entre esa sesión y la próxima debían perdonar a alguien que les hubiera hecho daño. La semana siguiente, mientras presentaba el paso Explorar de la sesión, pidió a sus estudiantes que compartieran sus experiencias de perdón. Las historias fueron muchas y maravillosas. Cuando de formación religiosa se trata, las tareas deben consistir menos en leer y escribir y más en *hacer*.

## En busca de resultados concretos

Al igual que muchas personas, los catequistas estamos ansiosos de ver resultados concretos como producto de nuestra labor. Esta ansiedad puede llevar al catequista a confiar más en métodos que "comprueban" que los estudiantes memorizaron un conjunto de principios cognitivos. Si bien hay un espacio en la catequesis para pruebas y exámenes, las evaluaciones deben también incluir una variedad de métodos que permitan determinar si un participante logra aprender a vivir una vida llena del Espíritu.

## Oración de clausura

Quedan solo unos minutos, o quizás segundos, de la sesión de formación religiosa. Ya que el objetivo a lo largo de todo este proceso fue establecer un clima de oración, es lógico que concluyamos la sesión con una oración —no un extenso servicio de oración, sino una oportunidad para pasar un momento en silencio con Dios, sea de manera individual o grupal—. Sugiero lo siguiente:

1. Un llamado a guardar silencio. (Pausa de cinco segundos).
2. La Señal de la Cruz.
3. Una invitación a orar juntos.

   Se puede rezar una oración tradicional que los participantes deberán aprender ese año o alguna que se ajuste al tiempo litúrgico. Si los jóvenes se están preparando para el sacramento de la Reconciliación, por ejemplo, se puede rezar el Acto de Contrición. (Quizás haga falta darles la oración impresa al principio).

   Durante la Cuaresma se puede rezar el *Confiteor* de la misa, y en la Pascua se puede rezar el *Gloria*. O, para resaltar que mayo es el mes de

María, se puede rezar el *Memorare*. En octubre, mes del Santo Rosario, se puede rezar una decena del Rosario.

4. Una invitación a darnos un saludo de paz. (Recordemos esto: misa, más que una clase).
5. Cantar un himno adecuado para la época del año, o simplemente su estribillo.
6. Una invitación a persignarse con agua bendita a medida que los participantes se retiran.

   Como hicimos al comienzo de la clase, podemos sostener el recipiente de agua bendita y pararnos al lado de la puerta cuando los estudiantes se retiran, o pedirle a algún asistente o estudiante de confianza que lo haga. Como alternativa se puede bendecir a los estudiantes haciéndoles la Señal de la Cruz en la frente.

Una oración de clausura como esta hará que los participantes salgan al mundo con una sensación de lo sagrado. Estas palabras y acciones sagradas nos moldean en maneras que son imposibles de imaginar, e impactan la manera en que hablamos, nos conducimos e interactuamos con los demás y con Dios. Gracias a que se creó un ambiente de oración y se animó a los participantes a observar un clima de reverencia durante la sesión (al enseñar el lenguaje de misterio), los participantes saldrán con un espíritu de oración y reverencia. Y además los habremos ayudado a reconocer la presencia de Jesús entre nosotros.

Los participantes salen al mundo, entonces, con una nueva perspectiva.

## Capítulo 8

# La enseñanza de la fe como segundo idioma

Investigadores de la Universidad Northwestern demostraron que el aprendizaje de un segundo idioma funciona como un "entrenamiento mental", que afina el cerebro y aumenta la capacidad de prestar atención, procesar y codificar información que la persona recibe. Los investigadores demostraron además que cuando las personas aprenden un segundo idioma, cambia la manera en que entienden y hablan su lengua materna. Interesante, ¿verdad?

Pero, ¡un momento! Aún hay más. Solo para mencionar algunos beneficios, el aprendizaje de un segundo idioma:

- Afecta de manera positiva el crecimiento intelectual

- Aumenta la capacidad de pensamiento abstracto y creativo
- Refuerza el desarrollo mental
- Produce un pensamiento más flexible y mejora la comprensión auditiva
- Abre puertas para la comunicación con los demás y para apreciar la cultura propia
- Derriba barreras

Todo esto es coherente cuando se piensa en la formación religiosa como el aprendizaje de un segundo idioma: el lenguaje de misterio. Es importante recordar que el lenguaje de misterio no consiste nada más que en palabras. Se basa en signos, símbolos, imágenes, rituales, acciones, gestos y cantos. Cuando enseñamos la fe de la misma manera en que se enseña un segundo idioma, no solo aumentamos la capacidad intelectual de los estudiantes, sino también la capacidad del corazón.

Es evidente que aprender un segundo idioma no es cosa fácil. Para muchos es una lucha. No obstante, quienes aprenden un segundo idioma suelen ver que su nivel de vida mejora a medida que acceden a mejores puestos de trabajo. Del mismo modo, para muchos de nuestros estudiantes, la lengua de la fe —el lenguaje de misterio— es una lengua extranjera. Pero enseñar esta lengua a nuestros estudiantes les permite mejorar su nivel de vida espiritual por medio de la práctica de la capacidad de perdonar, de orar y de servir a los demás. Cuando aprendemos un segundo idioma somos más capaces de integrarnos a una cultura nueva y diferente. Cuando aprendemos la lengua de la fe somos capaces de integrarnos a la "cultura" del Reino de Dios.

Quienes enseñan un segundo idioma saben que los enfoques más eficaces incluyen la práctica, las ayudas visuales, la música y las canciones y otras actividades atractivas, no la simple memorización. De hecho, la manera más eficaz de aprender un segundo idioma es por la inmersión en esa lengua. Del mismo modo, nuestro objetivo como catequistas no es enseñar una materia, sino lograr la inmersión de los participantes en la lengua de la fe: el lenguaje de misterio que hablamos y escuchamos en la misa. Esto lo logramos al enseñar más allá del libro, por medio de la inmersión de los participantes en nuestra riqueza de la lengua de la fe, el lenguaje de misterio que "hablamos" cuando celebramos en misa. No queremos que se mojen nada más que los pies o simplemente rociarlos con esa lengua. Queremos que se empapen.

En este libro ofrecí algunos consejos para lograr este objetivo. Pero a fin de cuentas, la mejor manera de enseñar es adaptando estrategias y técnicas al estilo y circunstancia propios. Es necesario ser creativos. Es necesario confiar en nosotros mismos y confiar en que el Espíritu Santo nos guiará a medida que preparamos a otros a que conozcan más profundamente esa realidad alternativa que es el Reino de Dios.

# Agradecimientos

Agradezco a Arlene Astrowski y a la Parroquia del Santísimo Redentor en Evergreen Park, Illinois, por permitirme poner en práctica mis habilidades como catequista y experimentar con muchas de las ideas que aparecen en esta obra. Agradezco también a Loyola Press por facilitarme la plataforma (mi blog, www.catechistsjourney.com) desde la cual puedo dialogar con otros catequistas sobre todo lo relacionado con la catequesis, y a todos los catequistas de quienes pude tomar nuevas ideas.

# Sobre el autor

Joe Paprocki es el consultor nacional de Loyola Press para la formación en la fe. Cuenta con más de treinta años de experiencia en el ministerio, ha impartido clases a diferentes niveles y continúa sirviendo como catequista. Paprocki es un conocido conferencista y autor de numerosas obras, entre ellas *Vivir la misa* y *Una fe bien construida.*